PENSAMIENTO POSITIVO

La guía más eficiente para una mente sana y positiva

(Aprenda cómo eliminar el pensamiento negativo y reemplazar y dominar la vida)

Eric Alba

Publicado Por Jason Thawne

© **Eric Alba**

Todos los derechos reservados

Pensamiento Positivo: La guía más eficiente para una mente sana y positiva (Aprenda cómo eliminar el pensamiento negativo y reemplazar y dominar la vida)

ISBN 978-1-989891-06-3

Este documento está orientado a proporcionar información exacta y confiable con respecto al tema y asunto que trata. La publicación se vende con la idea de que el editor no esté obligado a prestar contabilidad, permitida oficialmente, u otros servicios cualificados. Si se necesita asesoramiento, legal o profesional, debería solicitar a una persona con experiencia en la profesión.

Desde una Declaración de Principios aceptada y aprobada tanto por un comité de la American Bar Association (el Colegio de Abogados de Estados Unidos) como por un comité de editores y asociaciones.

No se permite la reproducción, duplicado o transmisión de cualquier parte de este documento en cualquier medio electrónico o formato impreso. Se prohíbe de forma estricta la grabación de esta publicación así como tampoco se permite cualquier almacenamiento de este documento sin permiso escrito del editor. Todos los derechos reservados.

Se establece que la información que contiene este documento es veraz y coherente, ya que cualquier responsabilidad, en términos de falta de atención o de otro tipo, por el uso o abuso de cualquier política, proceso o dirección contenida en este documento será responsabilidad exclusiva y absoluta del lector receptor. Bajo ninguna circunstancia se hará responsable o culpable de forma legal al editor por cualquier reparación, daños o pérdida monetaria debido a la información aquí contenida, ya sea de forma directa o indirectamente.

Los respectivos autores son propietarios de todos los derechos de autor que no están en posesión del editor.

La información aquí contenida se ofrece únicamente con fines informativos y, como tal, es universal. La presentación de la información se realiza sin contrato ni ningún tipo de garantía.

Las marcas registradas utilizadas son sin ningún tipo de consentimiento y la publicación de la marca registrada es sin el permiso o respaldo del propietario de esta. Todas las marcas registradas y demás marcas incluidas en este libro son solo para fines de aclaración y son propiedad de los mismos propietarios, no están afiliadas a este documento.

TABLA DE CONTENIDO

PARTE 1 1

INTRODUCCIÓN 2

CAPÍTULO 1: PENSAMIENTO POSITIVO 4

Efectos de los pensamientos positivos en tu cerebro 5
Incrementando los pensamientos positivos 6

CAPÍTULO 2: DONDE TODO COMIENZA 9

Controlando los pensamientos 11
Consejos útiles para controlar tus pensamientos 12

CAPÍTULO 3: LIDIANDO CON EL DIÁLOGO INTERNO NEGATIVO 16

Efectos de los pensamientos negativos en tu cerebro 17
Silenciando las críticas internas 18

CAPÍTULO 4: BENEFICIOS DEL PENSAMIENTO POSITIVO .. 22

El Pensamiento Positivo Trae felicidad 22
El Pensamiento Positivo mejora la salud 23
El Pensamiento Positivo te motiva 23
El Pensamiento Positivo mejora el autoestima 24
La positividad mejora tus relaciones 25
La positividad construye tu conjunto de habilidades 26

CAPÍTULO 5: LA PSICOLOGÍA POSITIVA Y SU SIGNIFICADO 28

Diferencias entre Psicología Positiva y Pensamiento Positivo 29
Algunas Pruebas que respaldan la investigación 30

CONCLUSIÓN 33

PARTE 2 35

INTRODUCCIÓN 36

CAPÍTULO 1: LA ACTITUD POSITIVA Y SU RELACIÓN CON LA

FELICIDAD 38
CAPÍTULO 2: SEPARANDO LA ACTITUD POSITIVA Y NEGATIVA 41
CAPÍTULO 3: CÓMO DISMINUIR LA ACTITUD NEGATIVA .. 44
DESARROLLAR UNA ACTITUD POSITIVA 44
TÓMALO CON CALMA 45
TODO CAMBIARÁ 45
MANTENER LA NEGATIVIDAD A RAYA 46
NO TE MENOSPRECIES................................ 47
NO VIVAS EN EL PASADO 47
SIN AUTOCOMPASIÓN 48
QUE NO TE AFECTE LA CRÍTICA/JUICIO 48
DESTACA COMO EN UN CONCURSO 49
INSPÍRATE... 50
SIEMPRE APRÉCIATE A TI MISMO 50
SÉ AGRADECIDO 51
CREE EN DAR 51
ACEPTA EL RECIBIR 52
FUTURA LÍNEA DE ACCIÓN 52
CAPÍTULO 4: RUTINA DIARIA PARA UNA ACTITUD POSITIVA 54
VE A LA CAMA FELIZ 55
DESPIÉRTATE TEMPRANO 55
CONÉCTATE CON LA FAMILIA 56
CONÉCTATE CON LOS COMPAÑEROS 56
EJERCÍTATE 57

YOGA 58

DIETA Y ESTILO DE VIDA 58

RELÁJATE 59

SIGUE TU CORAZÓN 59

EXPLORA 60

VOLUNTARIADO 60

PASATIEMPO 61

REDUCE EL TIEMPO DE TELEVISIÓN 62

LEE 62

CONCLUSIÓN 64

Parte 1

Introducción

Siempre hay desafíos que debes enfrentar en la vida y cosas que no funcionan de la manera que uno cree que lo harán. Algunas veces planeas algo extensamente, pero al final te decepciona. Mucha gente culpa a la mala suerte y otros comienzan a creer que no son buenos para nada. Estos son algunos de los retos que activan los pensamientos que determinan aquello que somos en realidad y que pueden alegrarnos o entristecernos.

El problema que la gente no ve es que intentan algo, siempre esperando que lo peor ocurra al final. Invertirías tu dinero pensando en el peor escenario posible y en cuanto perderás si la inversión cae en picada. ¿Qué tal si piensas en las cosas buenas que podrían pasar si dicha inversión se vuelve un éxito? Con un pensamiento positivo, harás todo lo posible para obtener lo que realmente quieres de esa inversión pero cuando estás pensando en lo peor que podría pasar, invertirás y esperaras a ver lo que sucederá.

De esto es de lo que trata el Pensamiento Positivo. Tus acciones siempre son guiadas por lo que piensas y puedes cambiar una situación cambiando tus pensamientos. Tanta gente está viviendo vidas infelices porque son incapaces de ver lo bueno en sus vidas, su potencial y sus acciones. Este libro te ayudará a empezar a ver las cosas desde una perspectiva diferente para cambiar el resultado de cada situación en tu vida.

Capítulo 1: Pensamiento Positivo

Pensar positivo es algo que todos desean dominar, porque suena muy bueno y prometedor. La mayoría de las personas no elegirían pensar negativamente, pero es mucho más fácil caer en la negatividad que intentar y mantener la positividad. Tanto como el pensamiento positivo parece genial y fácil de lograr, en realidad no lo es, y mucha gente se siente incapaz de pensar positivamente, incluso cuando tienes el propósito de vivir una vida positiva.

Mucha gente asocia ser feliz y sonreir todo el tiempo con el pensamiento positivo pero este no es el caso en absoluto. El Pensamiento Positivo es más que felicidad y es lo que produce felicidad así como muchos otros valores positivos que pueden ayudarte a desarrollar grandes habilidades que impactaran tu vida de muchas formas, brindandote una sonrisa permanente incluso cuando las cosas no van de acuerdo a tu plan.

Es cierto que el pensamiento positivo tiene un gran impacto en la salud humana, el trabajo y la vida en general y que ayuda a una persona a vivir mejor sin importar los retos. Esta es la razón por la cual todos deben perseguir la positividad e intentar alejar los pensamientos negativos que afectan aspectos importantes de sus vidas.

Efectos de los pensamientos positivos en tu cerebro

Pensar positivo tiene grandes efectos en tu cerebro. cuando piensas positivamente, estas enviando mensajes felices a tu cerebro, dando como resultado la liberación de hormonas que te dan una gran alegría. Los sentimientos de satisfacción, amor, alegría son algunos de los sentimientos que provocarán ideas de grandes posibilidades en tu vida. Es más probable que encuentres soluciones a un problema cuando veas lo bueno que puede salir de la situación, y luego las cosas negativas que podrían suceder. Los pensamientos positivos abrirán tu mente a más opciones y facilitarán el manejo de cualquier problema que surja.

Esto es solo un beneficio de pensar

positivamente. Hay muchos más beneficios de los que un pensador positivo puede disfrutar más adelante y los cuales serán discutidos en detalle más adelante en este libro.

Incrementando los pensamientos positivos

Una vez que empiezas a practicar el pensamiento positivo, comenzarás a darte cuenta que tener pensamientos positivos todo el tiempo no es tan fácil como parece. Los pensamientos negativos siempre surgirán y estos limitaran los beneficios que deberías disfrutar a través del pensamiento positivo. Es por eso que es importante conocer algunas de las formas a través de las cuales puedes aumentar tus pensamientos positivos.

Cualquier cosa que provoque sentimientos positivos de alegría, amabilidad, satisfacción y amor entre las personas te ayudará a mantener una mentalidad positiva. Piensa en aquello que realmente te hace feliz, y concéntrate en ello. Podrías imaginar que pasas un buen momento con tu familia, o el día en que ganaste un premio. Pensar en estos momentos traerá de vuelta una oleada de alegres emociones, y esto ayudará a estimular aún más tu positividad. Aparte de esto, hay otras ideas que puedes incorporar en tu vida diaria para incrementar los pensamientos positivos:

1. Escribir: Escribir te permite expresarte y expresar todo lo que hay dentro de ti. Escribe principalmente sobre las experiencias positivas que has tenido en la vida, especialmente aquellas en las que piensas. Esto puede ayudarte a mejorar tu estado de ánimo y elevar tu positividad todo el tiempo.

2. Meditar: La meditación ayuda a deshacerse de las emociones negativas y te permitirá pensar positivamente en cada situación en la vida. Considera la vida de un monje budista que pasa horas meditando cada dia. ¿Cual es tu opinion de ellos? Probablemente pienses que son felices y pacíficos -y lo son-. Meditar mejorará tu autoconfianza y te ayudará a aceptar a los demás por lo que son. La

meditación puede ayudarte a encontrar mejores soluciones para los asuntos con los que estás lidiando y mejorar tus relaciones significativamente. aclara tu mente y te energiza.

3. Jugar: Esto será difícil para mucha gente porque es muy fácil reservar tiempo para reuniones y otros eventos, pero uno rara vez tendrá tiempo para jugar. debes comenzar a involucrarte en algunas actividades divertidas que incluyan pasatiempos, aventuras, explorar e incluso experimentar para sentirte bien contigo mismo. El juego no tiene que tomar un dia entero; dedique una hora al día a alguna actividad divertida con amigos o familiares. El resultado serán emociones positivas.

Capítulo 2: Donde todo comienza

Tanto el pensamiento positivo como el negativo tienen el mismo origen; todo comienza en la mente. Tu mente tiene la capacidad de ver las cosas desde una perspectiva en la que todo va bien y te sientes libre, o donde todo va mal y te sientes atrapado. La mente es muy poderosa, por lo tanto, cualquier cosa que permitas que perciba será lo que creas hasta que, por supuesto, cambies de percepción.

Tus pensamientos son responsables de cada idea te que hagas sobre ti mismo, los objetos, las personas y la vida en general. La razón por la que muchas personas son infelices y no pueden alcanzar sus metas en la vida es porque pasan mucho tiempo pensando es sus limitaciones y en lo que no quieren, y esto es lo que domina una gran parte de sus vidas. Cuando piensas, hablas y prestas atención constantemente a lo que no deseas, lo activas y es por eso que te lo encuentras constantemente en tu vida.

¿Alguna vez has tenido un mal día? Te despiertas por la mañana y te golpeas el dedo del pie, luego todo lo que sucede después de eso parece ir de mal en peor. Con cada momento que pasa, te sientes más mal y al final del día, todo lo que quieres hacer es meterte en tu cama y dormir. Esto es lo que el pensamiento negativo te hará. Ahora revirtamos el escenario.

Te levantas de la cama con una sonrisa en la cara cuando te das cuenta de que te levantaste a tiempo y no necesitas correr. Te vistes, sonríes a todos los que te encuentras y ellos te devuelven la sonrisa. Notas que puedes cumplir todas tus tareas del día y todo parece ir a tu manera. Es como un día soñado. Esto es lo que el pensamiento positivo hará por ti.

Libérate de los pensamientos negativos y sus efectos en tu vida al pensar, hablar y concentrarte en las cosas que deseas en la vida. Tus pensamientos crean lo que te obsesiona, por lo tanto, puedes cambiar todo eso. Todo lo que eres está hecho de tus pensamientos. Tus pensamientos también crean el mundo físico, por lo tanto, lo que tienes es también resultado de lo que piensas.

Controlando los pensamientos

La gente siempre dice que tus creencias reflejan tu realidad, pero la verdad es que tus pensamientos siempre son los que crean tu realidad. No hay forma de que tengas éxito si no te consideras a ti mismo exitoso. Tienes que comenzar a pensar en lo bueno que eres para algo para que puedas lograrlo en realidad.

Siempre presta atención a tus pensamientos. Debes conocer la clase de pensamientos que dominan tu mente todo el tiempo para que puedas comprender el tipo de realidad en la que vives. Tienes que saber si necesitas cambiar tu proceso de pensamiento o no.

Tomate un momento para revisar tus pensamientos. ¿Tienes pensamientos del estilo "no quiero" o del estilo "quiero"? Esto debería guiarte en cómo debes comenzar. Elabora una lista de las cosas que dominan tu mente y crea un reemplazo para aquellos pensamientos que caen en la categoría "No quiero". Definitivamente no será fácil, pero debes deshacerte de esos pensamientos que te dificultan seguir adelante y disfrutar de la vida.

Ahora empieza a crear una idea de cómo quieres que sea tu realidad. Imagínate a ti mismo feliz, por ejemplo, capaz de poder comunicarte libremente con otras personas, hacer todo lo que te propongas y lograr el éxito. Con una imagen mental perfecta, lograrlo será mucho más fácil de lo que pensabas.

Los pensamientos y las creencias suelen ser las herramientas más poderosas en esta vida, y debes conocer las tuyas para poder controlarlas. Hay un gran dicho que dice que el secreto del éxito radica en controlar tus pensamientos. Este debe ser tu principio rector.

Consejos útiles para controlar tus pensamientos

Reemplace un pensamiento negativo para borrarlo completamente de su mente. Es imposible deshacerse totalmente de un pensamiento determinado a menos que tenga un reemplazo adecuado para él. Elija sabiamente los pensamientos positivos y úselos para reemplazar todos los pensamientos negativos que siguen rondando en su mente.

Es importante comprender esto cuando consideras aquello en lo que estás pensando. Los pensamientos negativos persisten y persisten, casi como si estuvieran en un tocadiscos sin fin. Te dicen que no puedes lograr ciertas cosas, que estás cometiendo errores, que otra persona es mejor que tu, que no debes estar confiado, etc. Los pensamientos negativos cuestionarán todo aquello por lo que estás trabajando, inculcandote dudas y limitandote.

Siempre recuerda que las situaciones vienen y se van. No hay una situación en tu vida que sea permanente, por lo tanto, no te obsesiones por nada. Hay una tendencia en muchas personas a seguir pensando en algo que salió mal incluso después de muchos años. Necesitas saber que eso también pasará y que surgirán otras cosas importantes en la vida. De esta manera, puedes lidiar con eso de una vez por todas.

Enfrenta todos tus miedos con la acción. No te sientes a pensar en lo desesperado que estás en una situación determinada, debes actuar de inmediato para demostrarte a ti mismo que puedes lidiar fácilmente con cualquier cosa que surja.

Nunca analices una situación más de lo que deberías. Si alguien te lastimó o te dijo algo que te hizo daño, tómalo literal y no agregues ningún significado adicional a las palabras que te han dicho. Remueve cualquier cosa negativa que aparezca y reemplázala con algo bueno. Si llegaste tarde y alguien se disgustó por eso, por ejemplo, piensa en las muchas ocasiones en que llegaste antes que todos los demás y te sentirás mejor contigo mismo. Di algunas palabras amables que ayuden a la situación y avanza.

Solo controla lo que puedes controlar y olvídate del resto. No puedes controlar las acciones, creencias y palabras de las otras personas , pero puedes controlar lo que puedes decir, lo que crees y cómo actúas.

Solo puedes controlar cómo reaccionas a las acciones y palabras de los demás.

Capítulo 3: Lidiando con el Diálogo Interno Negativo

La crítica es buena hasta cierto punto, pero es mala en la mayoría de los casos. Una pequeña crítica puede devolverte a la realidad y te ayuda a evitar cometer el mismo error dos veces. Sin embargo, cuando es exagerada, puede afectar la forma en que piensas sobre ti mismo, la forma en que te sientes acerca de otras personas y también la forma en que trabajas. La forma en que hablas contigo mismo o sobre ti mismo puede determinar el tipo de persona que eres en realidad. Es por eso que las personas deben tener cuidado con las críticas excesivas. Puedes comenzar a creerte lo que piensas de ti mismo y esto afectará la forma en que haces las cosas en la vida. Si has aumentado de peso de manera significativa, decirte a sí mismo "debo comenzar a hacer ejercicio" es mejor que "Me estoy engordando". Incluso cuando te critiques a ti mismo, trata de sonar tan positivo como te sea posible.

Efectos de los pensamientos negativos en tu cerebro

Las emociones y pensamientos negativos solo activarán una respuesta específica. Cuando uno se encuentra cara a cara con el peligro, lo único que le viene a la mente en ese instante es el miedo que el peligro ha creado en él y cómo puede escapar de ese peligro lo más rápido posible. No se toma el tiempo para pensar en otras cosas importantes en su entorno. Esto significa que los pensamientos y emociones negativos solo limitan tu mente a las posibilidades que la mente puede tener. Siempre hay otras soluciones que puedes encontrar, pero cuando estás asustado, cuando estás estresado o incluso ansioso, ignoras todo lo demás y solo te enfocas en la salida fácil.

Cuando sus opciones se limitan, estás obligado a cometer errores porque quizás la única solución que elegiste podría no ser la solución correcta. No puedes ver las cosas o la situación desde otra perspectiva y esto afecta tus relaciones.

Un ejemplo: cuando uno se siente mal

porque no puede mantenerse al día con un programa de ejercicios, comienza a pensar en lo perezoso que es y en cómo no tiene suficiente fuerza de voluntad. Todo lo demás que vendria a tu mente después de eso será negativo y empeorará las cosas. No puedes ver otras opciones que puedes tener, con las cuales obtener los mismos resultados que el programa de acondicionamiento físico. Es por eso que los pensamientos negativos siempre deben combatirse porque hacen más daño que bien y evitan que progreses en la vida.

Silenciando las críticas internas

Ahora que sabes que las críticas excesivas terminarán siendo contraproducentes para ti, debes encontrar formas en las que puedas limitar la autocrítica y asegurarte de que no te estás enfocando tanto en tus fallas sino en las formas en que has mejorado y en formas en que puedes llegar a ser una mejor persona.

Bloquea todas las cosas negativas: estás obligado a cometer errores en la vida y también enfrentarás desafíos de vez en cuando. No debes hacer que el problema parezca demasiado grande porque esto es lo que te hará más difícil lidiar con él. Crea una pequeña caja en tu mente donde puedas encerrar todos los pensamientos negativos que se arrastran en tu mente. Si ocurre un error en la oficina, no empieces a pensar en lo estúpido que eres y en cómo fracasas. Piensa solo en lo que sucedió, tal vez un error de cálculo o una sincronización incorrecta, y trata de hacer el problema lo más pequeño posible. Pon ese pensamiento en la pequeña caja en tu mente y ya no te preocupará más.

A. Solo piensa en las posibilidades: lo diré de nuevo, el pensamiento positivo no será algo sencillo. Cuando te encuentres en una situación de calma, te darás cuenta de que los pensamientos positivos no llegan fácilmente y tendrás que seguir luchando contra los pensamientos negativos. Sin embargo, puedes contrarrestar los pensamientos negativos a través de posibles afirmaciones. Incluso cuando el problema es demasiado grande, puedes pensar en lo posible que es lidiar con esto y esto hará que las cosas mejoren. Desaparecerán todos los pensamientos negativos que podrían haber ocupado tu mente y te dará la motivación para abordar el problema. Si tiene muchas deudas sin ninguna forma de pagarlas todas, no piense en lo grave que es la situación. Piense en lo mucho que puede trabajar para poder pagar parte de la deuda, si no toda la deuda.

B. ¿Soy realmente culpable?: Debes tratar lo más que puedas para ser amable contigo mismo, incluso cuando los demás no lo son. Si un proyecto falla, considera si eres realmente culpable por su fracaso y regresa al comienzo, donde comprimes todo el fracaso en una pequeña caja de tu mente. Cuando empiezas a cuestionar tus pensamientos iniciales, estarás ralentizando los pensamientos negativos, por lo tanto, tendrán poco o ningún impacto en tu comportamiento. Use afirmaciones positivas como: "Sé que lo que hice fue correcto." "Di lo

mejor."
C. Acepta que no eres perfecto: Nunca lo serás y nadie es perfecto de todos modos. Necesitas aprender a aceptar y lidiar con tus imperfecciones. Esto te ayudará a dejar cierto margen para algunos errores y fallas en la vida. Acepta que las cosas no siempre serán como quieres que vayan. La gente no siempre será amable y enfrentarás desafíos todo el tiempo. Cuando cometes un error, no te castigues. Siempre estar dispuesto a arruinarlo y seguir adelante.

Capítulo 4: Beneficios del Pensamiento Positivo

El pensamiento positivo trae muchas cosas buenas en la vida de las personas que lo practican. Tienes más de una razón para mantenerte positivo en la vida. Estas son las razones que deben motivar a uno a esforzarse por pensar positivamente en todo momento.

El Pensamiento Positivo Trae felicidad

Una actitud positiva será la que provocara tu felicidad. Muchas personas asocian la felicidad con las riquezas, pero lo que no saben es que lo que sucede se deriva de la actitud de uno. Esto se debe a que la felicidad proviene de lo más profundo de ti y no de lo que está afuera. Cuando siempre estás pensando en que tan buenas son las cosas y en lo buenas que deberían ser, puedes estar seguro de que serás una persona feliz. Por otro lado, los pensamientos negativos siempre te harán sentir malhumorado e infeliz.

El Pensamiento Positivo mejora la salud

La buena salud es lo que toda persona requiere para que pueda disfrutar de una vida más larga. El pensamiento positivo trae más energía y buena salud a las personas. Ahora que ves muchas posibilidades en la vida, tienes más energía para probar tantas como puedas, si no todas. Las personas positivas también son más felices y esto ayuda a reducir el estrés y la ansiedad, lo que afecta la salud de muchas personas en esta vida. Es por eso que los expertos en salud siempre están seguros de que la salud de uno puede mejorar si cambian la forma en que piensan y sienten. Nuestro pensamiento tiene grandes efectos en el cuerpo y la salud en general. Cuando piensas positivamente, podrás lidiar con algunas de las cosas que afectan tu salud y tu sistema inmunológico mejora. Incluso puedes mejorarte más rápido si ya estás enfermo.

El Pensamiento Positivo te motiva

Si ha establecido metas y realmente desea

alcanzarlas, solo tienes que pensar positivamente y lograr esas metas será mucho más fácil. Los pensamientos positivos ayudan a una persona a lograr sus sueños y alcanzar sus metas, y ayuda a manejar todas las tareas que enfrenta en la vida. Todos necesitan motivación porque es la fuerza que los empuja hacia adelante y los alienta a ir por lo que necesitan para obtener lo que quieren en la vida. Puedes superar los obstáculos en el camino con motivación, por lo tanto, mantén una actitud positiva y lograras mucho en la vida.

El Pensamiento Positivo mejora el autoestima

La forma en que piensas y la actitud que tienes hacia ti mismo tiene todo que ver con la forma en que te sientes acerca de ti mismo. La autoestima es muy importante porque determina cómo te sientes desde lo más profundo de tu ser. Es imposible amar a otras personas si no te amas a ti mismo, por lo tanto, todo comienza con la forma en que te sientes acerca de ti mismo. Por lo tanto, si tienes una mente positiva, siempre puedes pensar en cosas buenas sobre ti y esto cambiará la forma en que piensas y sientes acerca de otras personas. Para lograr esto, comienza a ver las cosas buenas que hay en ti, cosas que te hacen una mejor persona. Mira cuántas puedes hacer y no las que no puedes hacer. La gente no logrará derribarte si piensas muy bien de ti mismo. Si te respetas a ti mismo, las personas mostrarán automáticamente respeto por ti.

Empieza por amarte y ser amable contigo mismo. Mantén las expresiones positivas en todo momento y obtendrás confianza en ti mismo y una fuerza interior que nunca pensaste que tenías al principio.

La positividad mejora tus relaciones

Una persona positiva siempre verá cosas buenas en otras personas y esta es una manera de promover mejores relaciones. Cuando empieces a pensar positivamente acerca de ti mismo, comenzarás a apreciar a otras personas y sus defectos, ya que comienzas a darte cuenta de que todos somos iguales.

El pensamiento positivo hace que una persona sea más agradable. Las personas siempre se sienten atraídas por personas que son más felices y positivas en la vida. Si no te gusta trabajar en equipo o salir a divertirte, la gente empezará a evitarte, pero si demuestras que siempre estás tramando algo bueno y emocionante, harás que la gente se acerque más a ti. Es fácil hacer amigos y mantenerlos cuando eres positivo que cuando eres negativo. Cuando estás feliz, siempre puedes trabajar mejor con otras personas que cuando estás estresado y triste.

La positividad construye tu conjunto de habilidades

Los pensamientos positivos te ayudarán a desarrollar y fortalecer tus habilidades que usarás en cada momento de tu vida. Las emociones positivas te ayudarán a desarrollar conjuntos de habilidades que te permitirán lidiar con todo tipo de emociones que enfrentas en la vida. Una persona feliz siempre socializará mejor con otras personas y esto ayuda a desarrollar habilidades sociales que serán importantes para el resto de sus vidas. Una personalidad extrovertida comienza a formarse desde el momento en que una persona es muy joven. Si se mantiene dicha personalidad, puede traer un conjunto de habilidades creativas y sociales que te harán una mejor persona en la vida.

Capítulo 5: La Psicología Positiva y su significado

La psicología positiva tiene como objetivo evaluar las fortalezas que hacen que las personas y las comunidades mejoren y prosperen. Este estudio se basa en el hecho de que las personas siempre están buscando formas a través de las cuales puedan vivir vidas significativas que sean satisfactorias a fin de mostrar lo mejor de sí mismas para disfrutar de nuevas experiencias en la vida, en su trabajo, con la gente que ellos aman. Es una rama de la ciencia que pretende comprender e intervenir para ayudar a las personas a alcanzar la satisfacción en sus vidas. Se cree que esto les ayuda a lidiar mejor con las enfermedades mentales. La psicología positiva está dirigida al crecimiento personal, lo que hace de este un tipo diferente de campo de la psicología.

Hay tres áreas principales que conciernen cuando se trata de psicología positiva, las cuales son:
- Emociones positivas: esta es el área

que está relacionada por estar contento con su pasado, la felicidad en el presente y la esperanza para el futuro.
- Rasgos individuales positivos: esta es el área que se enfoca en las fortalezas de un individuo y sus rasgos.
- Instituciones positivas: esto se centra en las fortalezas que mejorarán a una comunidad de personas.

Diferencias entre Psicología Positiva y Pensamiento Positivo

Muchas personas no conocen la diferencia real entre la psicología positiva y el pensamiento positivo. En la mayoría de los casos, se piensa que estas dos cosas son iguales. El pensamiento positivo se parece más a ser optimista en todo momento, incluso cuando las cosas no se mueven en esa dirección, pero con psicología positiva, se requiere cierto pesimismo cuando es necesario para ayudar a una determinada situación. Sin embargo, hay algunas diferencias que vale la pena señalar:
- El pensamiento positivo se enfoca en abrazar la positividad en todos los

aspectos de la vida, pero la psicología positiva le dará herramientas importantes que te ayudarán a tener éxito.
- A diferencia del pensamiento positivo, la psicología positiva ha sido desarrollada por expertos y profesionales que se han tomado el tiempo para estudiar diferentes tipos de trastornos del estado de ánimo como la depresión, el estrés y la ansiedad.
- La psicología positiva se basa en los resultados de la investigación. Esto es algo que se ha evaluado y existe evidencia para demostrar su credibilidad.

Algunas Pruebas que respaldan la investigación

Hay tantos resultados que se han utilizado para demostrar que la psicología positiva realmente funciona. Algunos de estos son:

A. Las personas son más felices con lo que hacen que con lo que tienen. Se han realizado investigaciones para demostrar que las personas son mucho más felices cuando salen, experimentan cosas nuevas y se divierten con otras personas que cuando compran algo. Los viajes, las comidas, el juego son algunas de las cosas que desencadenan una verdadera felicidad en las personas que los automóviles y las casas.

B. Las personas que son agradecidas son considerablemente más saludables para disfrutar la vida mejor que el resto.

C. Cuando te das cuenta de que otras personas están haciendo cosas buenas, tiendes a querer hacer las mismas cosas.

D. Uno nunca es considerado más feliz que los demás porque tenga más de lo que ellos poseen. Mientras otras personas tengan suficiente de lo que necesitan, experimentarán el mismo nivel de felicidad y satisfacción que una persona más rica.

E. Hay pruebas suficientes para demostrar que el optimismo puede ayudar a reducir diferentes tipos de problemas de salud que varían entre problemas físicos y emocionales.

Hay varias maneras a través de las cuales puedes aumentar la felicidad a través de la psicología positiva. Esto asegurará que seas mucho más feliz que antes:

- Practica la gratitud y asegúrate de que sea parte de tu vida diaria. No tomes todo por sentado. Esto te ayudará a apreciar todo lo que se te presente, ya sea bueno o no tan bueno.
- Practica el optimismo también. Intenta tanto como puedas para ver lo bueno en todo.
- Tómate tiempo para disfrutar de las cosas que más disfrutas. Necesitas identificar qué es lo que te hace realmente feliz, luego hazlo.
- No tengas ninguna creencia negativa sobre el pasado. Debes permitirte discutir sobre eso contigo mismo y asegurarte de que surjas siendo ganador de la discusión. Un pasado negativo siempre se interpondrá en el camino del presente y el futuro positivos.

Conclusión

Las cosas que no te gustan tienden a ocupar tu mente en todo momento. Lo mismo ocurre con las cosas que no puedes hacer. Este es el comienzo del pensamiento negativo, y esto es lo que dificulta que uno se convierta en una mejor persona al final.

Sin embargo, el pensamiento positivo puede ayudarte con todo esto. Solo debes saber lo que no te gusta y reemplazarlo con lo que realmente te gusta para cambiar la forma en que piensas sobre ti mismo. Comienza por los pensamientos que ocupan tu mente en todo momento. ¿Es algo positivo o negativo? Piensa en la forma en que eso afecta tu vida.

Todo el mundo tiene un crítico interno que puede realmente ayudarte en la vida y también arruinarte, en especial si dependes mucho de él. Debes darle a este crítico interno un nombre, un nombre que no sea tan bueno, para que no pienses demasiado todo lo que él te diga. Si te dice que a la gente no le gustas, puedes discutir con él y citar a algunas de las personas que crees que realmente te quieren. Esto evitará un pensamiento negativo que puede dañar mucho tu autoestima.

El pensamiento positivo tiene muchos otros beneficios que harán que tu vida sea mucho mejor. Todo comienza con ver las cosas desde una perspectiva diferente y apreciar lo que puedes hacer y lo que no puedes hacer, luego tu vida comenzará a mejorar.

Parte 2

Introducción

La agitada naturaleza de la vida cotidiana ha hecho extremadamente difícil para la gente sentarse y relajarse. Desde las prisas para ir al trabajo, hasta hacer tiempo para la familia, la vida de ahora sigue un horario establecido. Esto nos hace que a las personas nos resulte muy difícil pasar un tiempo relajado y desestresado.

El estrés es extremadamente peligroso ya que produce tensiones, así mismo, depresión y ansiedad. La mayoría de la gente tiende a estresarse como un acto reflejo al enfrentarse con los diversos desafíos de la vida cotidiana.

La necesidad actual es, por lo tanto, disminuir la negatividad y tratar de desarrollar una actitud positiva hacia la vida. Desarrolla una visión general positiva y trata de disfrutar la vida tanto como se pueda.

Tenemos que comprender la correlación entre una actitud positiva y cómo ésta afecta nuestra felicidad. Cómo nos impide ser felices en nuestra vida diaria.

Se ven obligados a desarrollar una actitud negativa hacia la vida y no logran disfrutarla. Con el tiempo, dejan de sentirse positivos y eso afecta directamente a su felicidad.

En este libro electrónico, examinaremos los distintos aspectos de la vida cotidiana y cómo podemos desarrollar una actitud positiva.

Examinaremos la relación entre una actitud positiva y la felicidad. También veremos cómo podemos minimizar las influencias negativas y ayudar a promover la positividad.

Quiero agradecerte mucho por descargar este libro electrónico y espero que disfrutes leyéndolo.

Empecemos.

Capítulo 1: La actitud positiva y su relación con la felicidad

Cuando hablamos de la actitud positiva, a menudo pensamos en el optimismo. Pero el optimismo es solo un pensamiento. Una actitud positiva tiene que incorporar pensamiento y acción.

Tenemos que tener la capacidad de convertir nuestros pensamientos positivos en acciones. Estas acciones deben, a su vez, permitirnos sentirnos felices.

Como se mencionó anteriormente, la vida se ha vuelto extremadamente agitada en estos días. Todo el mundo está en la carrera para tener éxito en la vida, con el objetivo final de ganar tanto dinero como sea posible.

De hecho, dinero = felicidad y, por lo tanto, las personas presionan hasta sus límites para hacer dinero y terminan lastimándose a sí mismos en el proceso.

No logran comprender que el dinero nunca comprará la felicidad y solo la disminuirá. Terminaremos teniendo deseos que no podremos satisfacer, y sucesivamente, comenzaremos a sentirnos deprimidos.

Y la depresión, así mismo, nos hará sentir ansiosos y reducir nuestro potencial. Con un potencial disminuido, terminaremos alimentando nuestra actitud negativa.

La necesidad actual es, por lo tanto, comenzar a mirar la vida a través de un lente diferente. Es importante mirar las cosas desde una perspectiva diferente y poder identificar las distintas maneras en que podemos mejorarlas.

Más que mejorar nuestra vida en su totalidad, tenemos que trabajar en sus matices sutiles. Tenemos que trabajar en cambiar la manera en que vemos los diferentes aspectos y cómo podemos cambiar nuestra actitud para sentirnos positivos.

Una actitud positiva juega un papel importante en mantener a una persona feliz. Por ejemplo, imagine una situación en la que dos hombres de negocios sufren pérdidas debido a que un proyecto no se completó. El primer hombre de negocios se sentirá extremadamente deprimido y pensará cómo perdió mucho dinero, y seguirá preocupándose por ello. Él terminará sintiéndose ansioso y eso reducirá su nivel de productividad.

El segundo hombre de negocios, por otro lado, pensará positivamente. Pensará en lo difícil que fue el proyecto y que está bien que perdiera dinero. Él pensará positivamente y tendrá como objetivo trabajar mejor en el próximo proyecto y recuperar todo el dinero que perdió. No perderá tiempo pensando en su pérdida y no dispondrá de tiempo para desarrollar una actitud negativa. Finalmente, terminará teniendo una mejor oportunidad de llevar una vida más feliz al contrario que con el primer hombre de negocios.

Es evidente, con este ejemplo que una actitud positiva traerá mucha calma y felicidad, y una negativa hará justo lo contrario.

Capítulo 2: Separando la actitud positiva y negativa

En el capítulo anterior vimos cómo puedes desarrollar una actitud positiva hacia la vida y adquirir un sentido de felicidad.

En éste, veremos cómo debes superar la actitud negativa, para que, te acerques más a lo positivo.

Antes de continuar, tenemos que analizar las diferencias entre una actitud positiva y una negativa.

En nuestras vidas, nos encontramos con muchas personas y situaciones. Cada una tendrá una influencia positiva y negativa sobre nosotros.

Tienes que ser capaz de identificar lo bueno de lo malo y luego analizarlo de manera cuidadosa y eficientemente para acercarte a tu felicidad.

Si no logras ver qué te está ayudando y qué te está causando daño, entonces no será de ninguna utilidad. Tienes observar tu vida diaria y reconocer los diversos aspectos que contribuyen al desarrollo de tu actitud.

Una vez que reconozcas qué te está afectando, tendrás que diferenciarlo exitosamente. Por ejemplo: si hablar con tu madre es un efecto positivo en ti y hablar con tu jefe tiene un efecto negativo en ti, entonces tienes que diferenciarlos uno del otro. Puedes establecer estándares para cada uno y bifurcarlos según los estándares.

Una vez que reconozcas los aspectos positivos, debes reforzarlos exitosamente y fomentarlos. Tienes que permitir que los atributos positivos se apoderen de tu vida y también permitir que te influya en todos tus frentes, por decir, personal, emocional y profesional.

Simultáneamente, tienes que disminuir tu actitud negativa. Tienes que reconocer tus capacidades y cómo te afecta, y tratar de alejarte lentamente de ellas. Puede llevarte algo de tiempo, pero es algo que debe hacerse para que puedas alcanzar la felicidad.

Tienes que recordar que será una reacción en cadena y la disminución de la negatividad aumentará la positividad.

También debes recordar que, todo tendrá que ser un proceso continuo. No es posible que puedas cambiar tu actitud de la noche a la mañana. Tomará tiempo y esfuerzo, y tendrás que estar dispuesto a hacer ciertos sacrificios.

Tendrás que pasar un poco de tiempo diariamente para evaluar tu actitud e idear maneras para mejorarla.

Tienes que recordar los momentos en que una actitud positiva te ayudó a superar alguna dificultad y también haya ayudado a atraer la felicidad hacia ti.

También tienes pensar en las veces en que una actitud negativa te estancó y cómo afectó tu confianza.

La diferencia entre las dos situaciones te permitirá inclinarte hacia el desarrollo y el mantenimiento de una actitud positiva hacia tu vida.

Recuerda que será más acerca de ti disfrutando el viaje.

Capítulo 3: Cómo disminuir la actitud negativa

En el capítulo anterior observamos cómo debes diferenciar las actitudes positivas y negativas, y reconocer los diversos aspectos que contribuyen a que desarrolles una u otra. También vimos cómo tienes que disminuir los aspectos negativos y fomentar los positivos.

En este capítulo, nos enfocaremos en el primero y analizaremos las formas sencillas en que puedes erradicar toda la negatividad de tu vida y preparar el camino para un cambio positivo.

Desarrollar una actitud positiva

Lo primero que debes hacer es desarrollar una actitud muy positiva. No importa cuáles sean las consecuencias de una acción en particular, debes poder percibirla con una actitud positiva. Nunca permitas que entre la negatividad. Construye un filtro que evite que el pensamiento y la actitud negativos se filtren en tu mente. Si tienes un problema de ego entonces, afróntalo.

Cuando tengas una actitud positiva, comenzarás a darte cuenta de que todos tus problemas están desapareciendo.

Dejarán de preocuparte y podrás llevar una vida más tranquila y más feliz.

Tómalo con calma

Tienes que aprender a recostarte y relajarte. Realmente no hay necesidad de apresurarse. La vida tiene que ser vivida en el carril lento y disfrutada. Apurarse en todo lo que haces con el motivo de alcanzar el éxito en un corto período de tiempo, solo te afectará negativamente. Tienes que pasar un tiempo para analizar todas tus decisiones y luego dar el siguiente paso. No te asustes absolutamente en ninguna situación. Nada va a cambiar de la noche a la mañana, e incluso si sucede, volverá a la normalidad de inmediato.

Todo cambiará

Una actitud negativa es sólo momentánea. Tienes que decirte que nada es constante en este mundo y lograrás una actitud positiva en un instante. Nada en este mundo será una constante y está sujeto a que haya un cambio. En definitiva, absolutamente todo cambiará y, por lo tanto, si está pasando por una mala etapa ahora mismo, puedes tener la garantía de que mejorará en cualquier momento. Tu actitud positiva es lo único que te ayudará a cambiar tu vida y cambiar una actitud negativa a una positiva.

Mantener la negatividad a raya

Hay varias cosas en la vida que te afectarán negativamente. Puede ser una persona o una cosa. Si está causando que te sientas deprimido, debes hacer un esfuerzo extra para mantenerlo lo más alejado posible de ti. Tienes que intentarlo o conscientemente mantenerte alejado y, si se trata de una persona, entonces puedes pedirle firmemente que se mantenga alejada. Puede ser un familiar o un amigo que está causando el problema. También puede ser un hábito o el hábito de otra persona y, mientras te esté estancando, tienes que intentar erradicarlo.

No te menosprecies

Nunca dudes de ti mismo ni dudes de tu capacidad. El menospreciarse a sí mismo solo reducirá tu potencial y hará que desarrolles una actitud muy negativa. Nunca debes sentarte a pensar en tus pérdidas y culparte por ello. Tampoco debes compararte con los demás y pensar cómo has logrado mucho menos que los demás. Tendrá como causa que pierdas la confianza en ti mismo y acabarás viviendo una vida de compromiso. Tienes que desarrollar una actitud muy positiva y eso, a su vez, te ayudará a desarrollar la confianza para asumir todos los desafíos que se presentan en este mundo.

No vivas en el pasado

Si vives en el pasado, nunca podrás progresar y te quedarás atascado con una actitud negativa. Comenzarás a pensar en un incidente pasado y te sentirás deprimido. No tendrás la confianza para seguir adelante y una actitud positiva comenzará a evadirte. Tienes que aprender a dejar ir y seguir adelante con tu vida. ¿Cuál es el punto de sentarse a enfadarse con la leche derramada? Lo que terminó, terminó, eso no va a cambiar y lo único que cambiará es tu actitud. Con tu actitud renovada, podrás olvidar el pasado y seguir adelante.

Sin autocompasión

Nunca te autocompadezcas. De hecho, la autocompasión es una de las actitudes más negativas que una persona puede desarrollar. Si sufres de inseguridad y de autocompasión, nunca tendrás un crecimiento positivo. La felicidad te evadirá y no podrás crecer en la vida. ¡Si hay alguien que se compadece de tu estado o te hace sentir lástima por ti mismo, corta todos los lazos de una vez! No puedes permitir que otros influyan en tu proceso de pensamiento. Tampoco debes permitirte sentir pena por ti. Todo mejorará y tu actitud positiva te ayudará a mejorar tu estado.

Que no te afecte la crítica/juicio

Nunca debes ser afectado por la crítica ni el juicio. Mira las críticas a través de un lente diferente. Desarrollar resistencia y también desarrollar una actitud positiva hacia ella. Tienes que ser capaz de asumir críticas y convertirlas en un aspecto positivo. Piénsalo como una crítica constructiva. Toma todo lo que dicen y transfórmalo tú mismo. Usa sus palabras y cambia para ser una mejor persona. No intentes devolverles la crítica, ya que eso creará una actitud negativa en ti. Desarrolla una actitud positiva hacia cualquier cosa y aprende a cambiar las cosas a tu favor.

Destaca como en un concurso

La vida no necesita ser siempre un concurso. Realmente no hay ninguna competencia constante y no siempre es una carrera. El hecho de que llegues en primera posición cada vez no va a ser una posibilidad y es importante que estés contento con lo que obtienes. Habrá ganancias y habrá pérdidas. Si te aferras a la idea de perder y te esfuerzas mucho por ganar cada vez, solo estarás engañándote a ti mismo y causándote daño. Tienes que dejar de hacer de que todo sea una competencia y aprender a que sea un buen deporte.

Inspírate

Mira las distintas personas a tu alrededor. Mira a tus padres, a tus hermanos, a tus mejores amigos. Mira lo felices que son y la actitud positiva que tienen hacia la vida. Mira cómo van fortaleciéndose más y más, solo por poseer una perspectiva positiva hacia la vida. ¿Por qué no puedes hacer lo mismo? ¿Por qué tienes que depender solo de ti mismo para generar la inspiración? Estará por todo tu alrededor y solo tendrás que abrir los ojos para mirarlo. Mira a los niños pequeños a tu alrededor que llevarán una vida muy feliz, que estará completamente libre de negatividad.

Siempre apréciate a ti mismo

Aprecia todo lo que hagas. Apláudete a ti mismo a cada logro. Incluso si se trata de un pequeño logro, apláudete a ti mismo. No siempre puedes tener a alguien aplaudiendo por ti. Tú mismo tienes que hacerlo. Debes consentirte cada vez que logres algo. Tendrá una influencia muy positiva sobre ti. Te inspirarás para apuntar más alto y lograr más éxito. Eso, a su vez, te hará muy feliz.

Sé agradecido

Desarrolla la actitud de ser agradecido a todas personas en tu vida que lo hacen que tu vida sea lo que es. Hay tanta gente que hará todo lo posible para que su vida sea lo más tranquila y feliz posible, y tendrás que identificarlos y agradecerles. Comenzando por el trabajo no apreciado de tu madre, de criarte, de atender todas tus necesidades, hasta el trabajo de tus mejores amigos para que tu vida sea un poco menos sombría. La vida es un esfuerzo colectivo y no se puede dar nada ni nadie por sentado. Tienes que tener una actitud positiva y agradecerles por quienes son.

Cree en dar

Siempre cree en regalar cosas. No te sientas negativamente hacia el compartir. Si tus padres no compartieran su amor, entonces no habrías existido. Del mismo modo, si Dios no compartiera su amor contigo, entonces no habrías tenido una vida tan buena. Siempre sé amable con los demás y desarrolla la actitud positiva de cuidar y compartir. Recuerda, siempre solo recuperarás lo que das.

Acepta el recibir

Acepta todo lo que recibas con mucha gracia. No desprecies o ridiculices las palabras amables de alguien o alguna muestra de su amor. Tu bondad será juzgada por tu reacción cuando trates algo y cómo lo aceptarás. No puedes rechazar lo que te es dado de buena fe. Deja de tener una actitud negativa hacia el hecho de tomar un favor, ya que solo te afectará negativamente. Tienes que tener la confianza de aceptar lo que sea que se te presente.

Futura línea de acción

Siempre es un error pensar en el pasado y apresurarse hacia el futuro. Pero es importante tener un plan de acción listo. Tienes que tener una actitud ambiciosa y siempre pensar positivamente. Tienes que ser capaz de actuar inmediatamente y ser lo más proactivo posible. No debes dudar si algo en lo que te aventuras no se completará o asumir un resultado improbable. En su lugar, debes pensar en cómo lograrás el éxito al aventurarte positivamente en algo nuevo con mucha confianza.

Capítulo 4: Rutina diaria para una actitud positiva

Acabamos de ver las diversas cosas que debes hacer para deshacerte de toda la negatividad en tu vida. No hay verdad en el hecho de que debe de haber un poco de negatividad para que pueda equilibrarse la positividad. No hay absolutamente ninguna correlación con la negatividad extrema que ayude a aumentar la positividad, de hecho, hace justo lo contrario.

En este capítulo, veremos las diversas cosas pequeñas que puedes hacer a diario para desarrollar y mantener una perspectiva positiva hacia la vida y también ser capaz de inspirar a las personas a tu alrededor para que desarrollen una actitud positiva para ellas mismas.

Estas cosas son simples de hacer y su práctica regular es seguro que reforzarás una actitud muy positiva e inspiradora.

Ve a la cama feliz

Una de las cosas principales que determinarán si tendrás un día feliz y positivo al día siguiente es: que vayas a dormir feliz la noche anterior. Por simple que parezca, es la verdad absoluta e incluso tiene respaldo científico. Si vas a la cama sintiéndote enojado contigo mismo o con alguien, o andas de mal humor, entonces seguramente tendrás un mal día siguiente. Tienes que resolver todos tus problemas antes de caer en los brazos de Morfeo y despertarte sintiéndote extremadamente feliz al día siguiente. Estos tipos de pequeños cambios son los que a la larga te sumará para que puedas a llevar una vida positiva y feliz.

Despiértate temprano

Siempre es importante levantarse temprano. Las primeras horas del día son el mejor momento para pasar un tiempo reflexionar sobre tu vida y desarrollar una actitud positiva. También realizarás más cosas y tendrás tiempo libre para ti en las tardes. Dejarás de precipitarte en las cosas y las tomarás con calma. No te preocuparás por hacer las distintas cosas a tiempo y dejarás de entrar en pánico. También podrás pasar más tiempo con tus amigos y socializar con más frecuencia.

Conéctate con la familia

Es extremadamente importante que pases tiempo de calidad con tu familia. Después de todo, debes tener un sistema de apoyo y un ambiente positivo para que, de esta manera, puedas convertirse en una persona positiva. Llévalos de viaje y cena con ellos. Pasa tanto tiempo con ellos como puedas. Te ayudarán a superar las diversas dificultades de tu vida. También te ayudarán a dar lo mejor de ti en la vida y lograr los mejores resultados.

Conéctate con los compañeros

Es extremadamente importante tener un buen *rapport* con todos tus compañeros de trabajo y colegas. Tendrás que pasar mucho tiempo con ellos y tener una buena relación con ellos será excelente. Si no eres amigable con ellos, y hay constantes peleas y discusiones en la oficina, entonces terminarás desarrollando una actitud negativa en la vida. Y más que la desarrolles, te verás obligado a asumir una perspectiva negativa. Eso, a su vez, reducirá su eficiencia y también hará que no puedas dar lo mejor para las cosas que hagas. Por lo tanto, tienes que hacer todos los esfuerzos posibles para conectarte tanto como sea posible con todas las personas con las que interactúas a diario.

Ejercítate

Tienes que comprender que, tu actitud positiva solo sucederá si los químicos en tu cerebro te lo permiten. Hay dos sustancias químicas que permiten a una persona desarrollar sus actitudes. Una es la serotonina y la otra es el cortisol. Si hay demasiado cortisol, la persona siempre estará deprimida y siempre tendrá un enfoque muy negativo hacia la vida.

Por otro lado, si una persona tiene un exceso de serotonina, entonces siempre estará feliz y verá la vida a través de un lente positivo. Ahora, para promover este último y detener lo primero, una persona tiene que consentirse con el ejercicio. El ejercicio diario ayuda a reducir el cortisol y promover la liberación de serotonina en el cerebro. Así que haz una pequeña rutina diaria para ayudarte en tu viaje para alcanzar la felicidad.

Yoga

El yoga es muy parecido al ejercicio y funciona más o menos de la misma manera. Pero también incorpora ejercicios de meditación y respiración, que a su vez te ayudan a mantener el estrés a raya y te permiten desarrollar una actitud positiva. La meditación involucra que entres en un estado de trance y te concentres en nada más que en los diversos aspectos positivos de tu vida. Con el tiempo, podrás erradicar con éxito toda la negatividad y vivir una vida de felicidad y aceptación de quién eres.

Dieta y estilo de vida

La dieta juega un papel muy importante en el equilibrio de los dos químicos en tu cerebro. Hay alimentos y sustancias que harán que su cerebro libere más cortisol, ya sea de comida chatarra, alimentos procesados, con cafeína, etc. y sustancias como drogas, alcohol, cigarrillos, etc. Tendrás que mantenerte lejos de todo esto si deseas llevar una vida libre de negatividad.

¡Usted tiene que comer alimentos saludables como ensaladas y vegetales frescos que incrementarán los niveles de serotonina y uno de los mejores alimentos para consumir que sirve para este mismo propósito es el chocolate!

Relájate

Tienes que recostarte para relajarte tanto como puedas. Toma descansos durante el día para ayudar a prevenir la acumulación de estrés. Consiéntete con meditaciones oportunas cuando esté en tu oficina o lleva un libro para leer. También debes darte el gusto de actividades terapéuticas, como ir al spa para ayudar a relajarte y reponerte. Toma un masaje mensualmente para eliminar el estrés y las tensiones.

Sigue tu corazón

Siempre tienes que seguir tu corazón. Ve

tras tus sueños y piensa positivamente. Seguramente encontrarás el éxito. Te alegrarás por haber hecho algo que siempre has querido. También ayudarás a tus seres queridos y a otras personas que te idealizan para mejorar sus vidas y seguir sus sueños.

Explora

Tienes que viajar y explorar el mundo. Debes viajar y tomarte unas vacaciones. Viaja a un lugar de peregrinación para hacer las paces contigo mismo y encontrar a tu persona feliz que está oculta en ti. Visita un lugar como el Tíbet donde los monjes te inspirarán para disminuir toda la negatividad e incrementar tu actitud positiva. Tienes que salir de tu entorno y ver cómo funciona el resto del mundo y el cambio en ti será automático y aparente.

Voluntariado

Cree en retribuir a la sociedad y hacer un voluntariado Te hará sentir bien y también te permitirá sentirte extremadamente bien. Comienza por mirar las cosas en tu casa y tu armario, y céntrate en las diversas cosas que no necesitas. Haz una lista de los lugares a donde puedes llevar a regalar tus cosas. Regala todos tus libros viejos a las bibliotecas, los juguetes viejos a orfanatos. Los demás te agradecerán y su sincera gratitud ayudará a traer la positividad.

También puedes ser voluntario en un comedor comunitario. Puedes tener una venta de garaje u organizar una recaudación de fondos. Hay tantas actividades en las que puedes participar como voluntario y de cada una, obtener una felicidad sin precedentes.

Pasatiempo

Siempre haz tiempo para hacer algo que ames. Puede ser bailar o un pasatiempo como cocinar. Hay varias opciones terapéuticas para elegir, dependiendo de lo que más te guste para relajarte y reponerte.

Inscríbete en una clase como pasatiempo y descubre un nuevo talento en ti. En definitiva, te ayudarán a distraerte de tus problemas diarios y también a aclarar tu proceso de pensamiento.

Reduce el tiempo de televisión

A veces, la televisión puede anunciar telenovelas y series que te impactarán negativamente. Incluso el canal de noticias, por sí, puede mostrar contenido deprimente y hacer que desarrolles depresión. Por lo tanto, debes de ver lo menos que puedas de televisión. Si no lo puedes reducir, puedes ver programas inspiracionales y documentales.

Lee

Debes desarrollar el hábito de la lectura. Y si ya tienes el hábito de lector, tienes que convertirte en uno voraz. No siempre tiene que ser un libro de autoayuda, también puede ser un libro inspirador. Puedes obtener una membresía de biblioteca o simplemente descargar una aplicación para libros electrónicos. Mientras el libro te inspire y te cuente historias de cómo una actitud positiva te ayudará a ser un ganador, estarás en buenas manos. También puedes leer las autobiografías de personajes famosos que se han enfrentado a varias dificultades en la vida y, sin embargo, han conquistado todas ellas y alcanzado el éxito y la felicidad.

Conclusión

Te agradezco una vez más por descargar este libro electrónico y espero que hayas tenido una buena lectura.

La felicidad parece estar agotándose por momentos debido a las diversas tensiones en nuestra vida. Ahora está comenzando a parecer un producto caro que ninguno de nosotros se puede costear.

El propósito principal de este libro fue ayudarte a comprender cómo tener una actitud positiva puede ayudar a lograr una felicidad inmensa.

En el capítulo 1 vimos cómo una actitud positiva puede ayudar a generar felicidad y cómo mirar la vida a través de un lente renovado puede ayudar a mejorarla varias veces.

En el capítulo 2 vimos cómo podemos diferenciar entre aspectos positivos y negativos, y cómo debemos separar conscientemente los dos.

El Capítulo 3 observamos cómo debemos reducir la actitud negativa y cómo lo podemos hacer de manera eficiente.

www.ingramcontent.com/pod-product-compliance
Lightning Source LLC
LaVergne TN
LVHW020434080526
838202LV00055B/5180